파브르 곤충기 8

파브르와 손녀 루시의 매미 여행

지연리 그림

한국과 프랑스에서 서양화와 조형 미술을 공부했습니다. 〈2022여름 우리나라 좋은 동시〉〈작은 것들을 위한 시〉〈내가 혼자 있을 때〉 등 다수의 도서에 삽화를 그렸고, 〈북극 허풍담〉 시리즈, 〈북극에서 온 남자, 울릭〉〈오늘도 살아내겠습니다〉〈두 갈래 길〉〈뿔비크의 사랑 이야기〉〈숲은 몇 살이에요〉 등의 도서를 우리말로 옮겼습니다. 쓰고 그린 책으로 〈파란 심장〉〈자기가 누구인지 모르는 코끼리 이야기〉가 있습니다.

조경숙 엮음

대학에서 국문학을 공부하고, 「돌이와 바다」로 월간 '샘터'의 엄마가 쓴 동화상, 「마음으로 듣는 소리」로 계몽아동문학상, 「그림 아이」로 방정환문학상을 받았습니다. 지금까지 쓴 작품으로 〈나는야, 늙은 5학년〉〈만길이의 봄〉〈공을 차라 공찬희!〉〈천문대 골목의 비밀〉〈1764 비밀의 책〉〈조선 축구를 지켜라!〉〈비밀 지도〉 들이 있습니다.

파브르 곤충기 8
파브르와 손녀 루시의 매미 여행
Jean Henri Fabre 원작

1판 1쇄 인쇄 2023년 11월 15일 | 1판 1쇄 발행 2023년 11월 24일

엮은이 조경숙 | 그린이 지연리
펴낸이 정중모 | 펴낸곳 열림원어린이 | 등록 1988년 1월 21일(제406-2000-000202호)
편집장 서경진 | 편집 정혜연, 김보라 | 디자인 권순영 | 마케팅 김선규 | 홍보 최은서, 고다희
온라인사업팀 서명희 | 제작 윤준수 | 관리 이원희, 고은정, 구지영
주소 경기도 파주시 회동길 152
전화 031-955-0670 | 팩스 031-955-0661 | 홈페이지 www.yolimwon.com
전자우편 bbchild@yolimwon.com
ISBN 978-89-6155-115-1 77400, 978-89-6155-985-0(세트)

어린이제품안전특별법에 의한 제품 표시
제조자명 열림원어린이 | 제조년월 2023년 11월 | 제조국 대한민국 | 사용연령 7세 이상

파브르 곤충기 8

파브르와 손녀 루시의 매미 여행

열림원어린이

곤충도 우리처럼 물질적 곤경에 처한다.
자기 몫을 차지하려는 애벌레는
인간만큼 격렬하게 투쟁한다.

읽기 전에

　장마가 끝나고 무더위가 시작되면 이 나무 저 나무에서 매미가 하늘을 찌를 듯 울어 댑니다. 매미들이 서로서로 노래 자랑을 벌이는 거지요. 매미의 이 노랫소리는 시원하게 들리기도 하고 때로는 짜증스럽게 들리기도 합니다.

　그러나 매미는 사람들이 자기들의 노래를 어떻게 듣건 상관할 여유가 없습니다. 4, 5년 동안이나 땅속에서 지내다 이제 겨우 푸른 하늘과 구름을 보며 마음껏 노래할 수 있는 거니까요. 더구나 그 노래는 겨우 이삼 주밖에는 부를 수 없습니다.

맴맴맴맴……, 내 노래 참 시원하지요. 맴맴맴맴……, 시끄럽다고요? 그래도 난 계속 부를 거예요.

누가 뭐래도 매미는 여름을 노래합니다. 그러니 매미는 가수이지요. 하지만 가수가 되기 전 매미는 굉장히 꼼꼼한 건축가였답니다. 믿을 수가 없다고요?

자, 그럼 지금부터 매미가 지은 멋진 집을 보여 줄게요.

차례

매미는 어떻게 땅속에서 잠을 잘까?

형제가 무려 400마리? 16

매미가 땅속에 집을 지어요? 48

개미는 정말 성가시구나? 88

매미는 어떻게 노래를 할까요? 122

세리냥에 있는 파브르 선생님 집 정원에는 커다란 플라타너스 두 그루가 서 있었습니다.

매년 여름이 되면 그 나무들에서는 매미들의 음악회가 그치질 않았습니다.

비록 시끄럽게 울어 대 선생님의 시간을 방해하기도 했지만 파브르 선생님은 착하고 끈기 있는 매미를 좋아했습니다.

그래서 늘 가까이 있는 매미를 연구하기로 했습니다.

파브르 선생님은 주로 물푸레나무매미를 관찰하고 실험했습니다.

잘 알려지지 않은 매미의 땅속 생활부터 매미의 집짓기 기술, 어른 매미가 되는 과정을 관찰했을 뿐 아니라 매미를 직접 먹어 보고 매미의 맛을 알아보기도 했답니다.

또 죽은 매미를 울게 하는가 하면 잘 울고 있는 매미를 잡아 작은 핀 하나로 조용하게 만드는 마술 같은 실험도 했습니다.

한번은 마을 사무소에서 대포를 빌려 매미의 청력을 실험한 적이 있었습니다.

이때 매미는 귀청을 찢을 듯한 대포 소리에도 꿈쩍하지 않았습니다.

그래서 파브르 선생님은 매미는 귀가 들리지 않는다는 결론을 내렸답니다.

사람들이 듣는 보통의 소리는 못 듣지만 자기들끼리의 소리는 알아들을 수 있어서 짝짓기할 때는 목청 좋은 수매미가 인기라는군요.

파브르 선생님은 매미와 개미와의 관계도 유심히 관찰했습니다.

이야기 속에서는 매미가 개미에게 먹을 것을 달

라고 구걸하지만 사실은 그 반대인 것으로 밝혀졌습니다.

매미는 명예를 찾아 준 파브르 선생님께 고맙다고 여름만 되면 더 크게 더 힘차게 노래한답니다.

맴맴맴맴……. 고마워요, 하고요.

 파브르 할아버지와 손녀 루시는 그 노래에 화답하듯 함박웃음을 지었습니다.
 이제부터 여러분이 떠나게 될 이야기 나라에는 파브르 할아버지 그리고 손녀 루시가 함께 여행한 매미 세상이 펼쳐집니다.

"흠, 어디가 좋을까?"

7월 어느 날 어미 매미는 마음에 드는 나뭇가지를 고르고 있었습니다. 아기를 낳아야 하기 때문입니다. 그러려면 지푸라기보다는 좀 굵고 연필보다는 좀 가는 마른 나뭇가지가 있어야 합니다. 그렇다고 땅에 떨어진 나뭇가지는 안 됩니다.

"저거다."

어미 매미는 마음에 드는 나뭇가지로 가까이 다가갔습니다.

그런데 그곳은 이미 다른 암매미가 차지하고 있었습니다.

어미 매미는 군말 않고 돌아섰습니다.

그리고 이번에는 진짜 좋은 가지를 발견했습니다. 다행히 그 가지에는 아무도 앉아 있지 않았습니다.

"좋았어. 바로 여기야. 길고 가는 게 아주 마음에 들어."

어미 매미는 나뭇가지에 앉았습니다.

곧 어미 매미의 배끝이 실룩실룩 움직였습니다.

어미 매미의 배끝에는 1센티미터 정도의 가느다란 관이 있습니다.

바로 산란관입니다. 알을 낳는 관이라는 뜻이지요. 산란관은 양쪽이 톱처럼 되어 있고 한가운데에는 송곳 같은 것이 있습니다.

이 양쪽의 톱은 무척 단단하고 위아래로 엇갈리게 움직이도록 되어 있습니다.

그래서 딱딱한 나무껍질이라도 슥슥 자를 수 있습니다.

어미 매미의 산란관은 비스듬히 나뭇가지 속을 찌르고 들어갔습니다.

그리고 0.5센티미터에서 1센티미터 정도의 깊이로 구멍을 팠습니다.

작은 방을 만든 것이지요.

그때부터 어미 매미는 꼼짝 않고 가만히 있었습니다.

알을 낳고 있는 것입니다.

10분이 지났습니다.

열 개의 알을 낳은 어미 매미는 산란관을 천천히 빼냈습니다.

그러나 끝난 게 아닙니다.

1센티미터 정도 더 위로 올라간 어미 매미는 또 산란관을 나뭇가지에 꽂고 방을 만든 후 알을 낳았습니다.

이번엔 열두 개였습니다.

어미 매미는 몰랐지만 그 열두 개의 알 중 맴맴이가 있었습니다.

어미 매미는 세 번째 방을 만들기 위해 또 조금 위로 올라갔습니다.

그때 살그머니 어미 매미 곁으로 다가오는 것이 있었습니다.

매미알좀벌이라는, 4~5밀리미터밖에 안 되는
아주 작은 벌이었습니다.

 매미알좀벌은 자기보다 100배 이상이나 큰 어미 매미 옆에서 어미 매미가 알을 낳는 것을 가만히 지켜보고 있었습니다.
 어미 매미도 매미알좀벌이 나타난 것을 알고 있었습니다.
 어미 매미는 눈이 아주 좋거든요.

"저 작은 놈은 왜 내 옆에서 얼쩡거리는 거지?"
매미알좀벌이 거슬리기는 했지만 알 낳는 일을 멈출 수는 없습니다.

어미 매미가 알을 낳고 다음 방을 만들기 위해 위로 조금 올라가자 매미알좀벌이 날름 어미 매미가 만든 방으로 다가갔습니다.

"됐어. 미련한 어미 매미 같으니라고!"

매미알좀벌은 작은 산란관을 어미 매미의 알 사이로 집어넣었습니다.

그러고는 빙긋이 웃었습니다.

"이제 이 어미 매미의 알들은 내 알의 밥이 되는 거야."

매미알좀벌은 그렇게 어미 매미를 졸졸졸 따라

다니며 어미 매미가 만든 방마다 자기의 알을 낳았습니다.

어미 매미는 한 번에 일곱에서 열다섯 개까지의 알을 낳지만 매미알좀벌은 딱 한 개의 알을 낳습니다.

그러나 매미알좀벌의 알이 일찍 깨어나 어미 매미의 알들을 다 먹어 치우는 것입니다.

마침내 어미 매미는 알을 다 낳았습니다.

그동안 40개 정도의 방을 만들고 방마다 보통 열 개씩의 알을 낳은 것입니다.

"그러니까 내 아기가 300마리인가, 400마리인가?"

헤아릴 수 없을 만큼 많은 알을 낳은 어미 매미는 휙 그 나뭇가지를 떠났습니다.

 자기를 따라다니던
매미알좀벌이 무슨 짓을 했는지 한번 따져 보지도 않고 말입니다.
 사실은 알을 낳느라 기운이 다 빠진 어미 매미는 곧 땅에 떨어져 죽고 말았답니다.
 그러니 300~400개나 되는 알들의 걱정을 할 사이도 없었던 것입니다.

아가들아, 내 귀여운 아가들아

여린 몸으로

이 세상을 살아갈

내 아가들아

이 세상엔 조심할 게 너무 많단다
저 음흉한 매미알좀벌을 조심하거라
약삭빠른 개미들을 조심하거라
너 아닌 다른 모든 것을 조심하거라

아가들아, 내 귀여운 아가들아

너희를 기다리고 있을

길고 긴 날들이

걱정이구나

참고 참고 또 참아야 한단다
혼자 있는 것도 참아야 한다
깜깜한 것도 참아야 한다
늘 참는 게 우리 매미들이란다

아가들아, 내 귀여운 아가들아
끝까지 보살펴 주지 못하는
이 엄마를 용서하렴
그래도 엄마는 너희들을 사랑한단다.

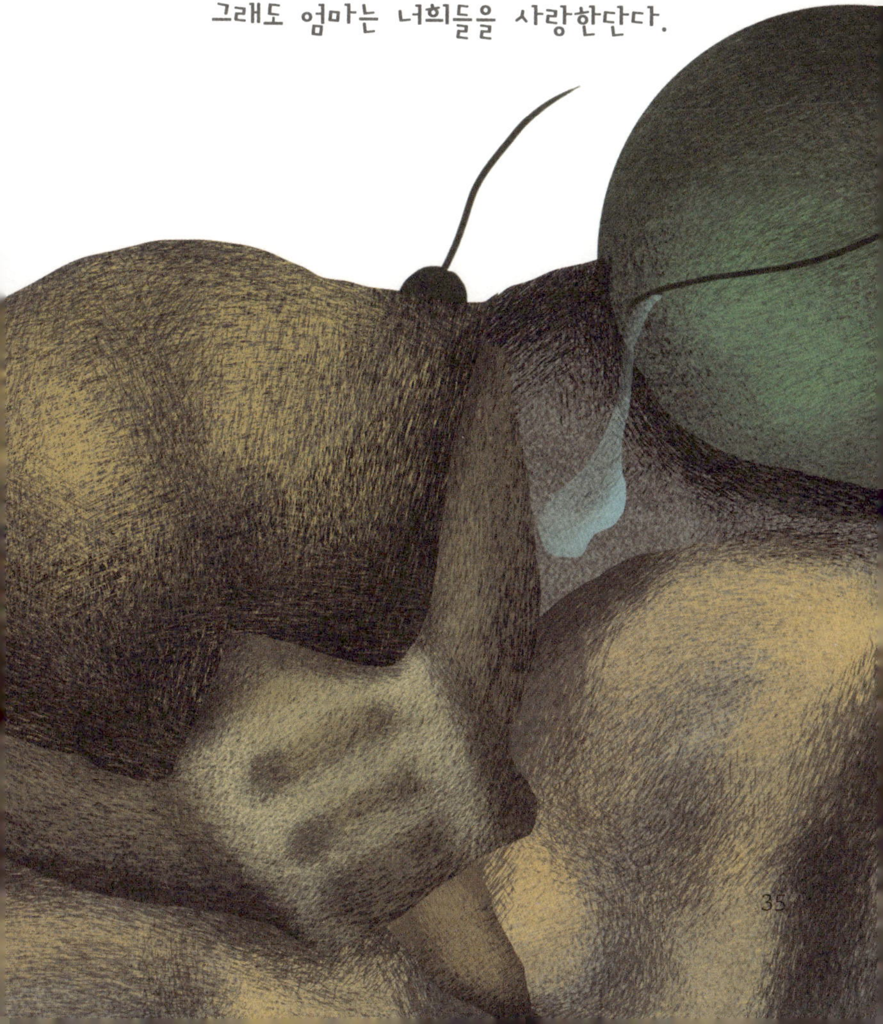

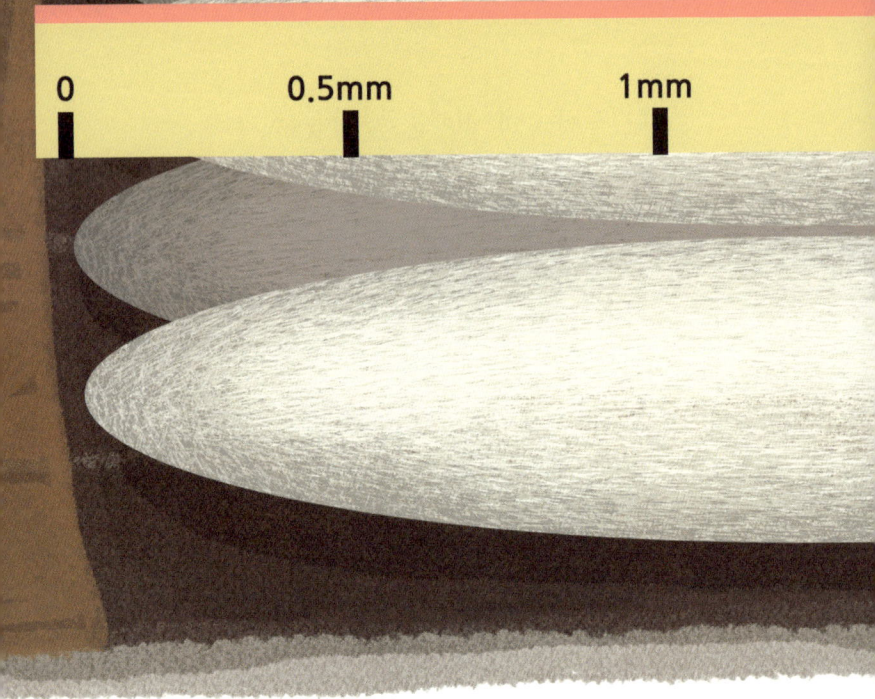

어미 매미가 죽을힘을 다해 낳은 알들은 모두 부드러운 상앗빛입니다.

길이는 2.5밀리미터이고 너비는 0.5밀리미터입니다. 양쪽 끝이 조금 뾰족하면서 가늘고 길어, 럭비공을 아주 작게 만들어서 잡아 늘인 것 같습니다.

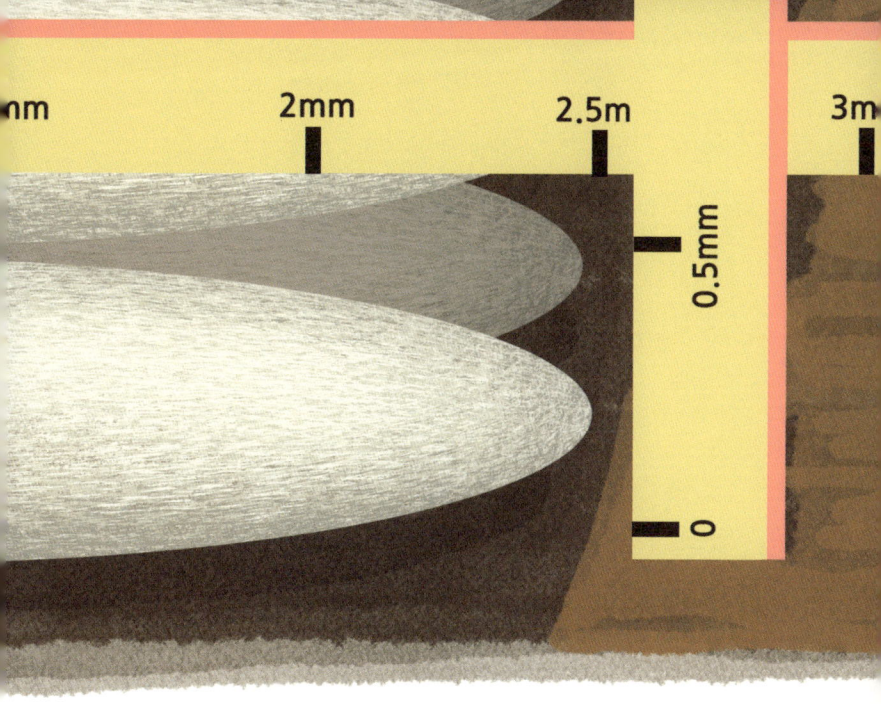

 그러나 맴맴이의 그 많던 형제들은 매미알좀벌의 알이 깨어나면서 사라져 갔습니다.
 그러나 다행스럽게도 어미 매미가 지은 방 중 두 번째 방에 있었던 맴맴이는 운 좋게 살아남을 수 있었습니다.

9월이 끝날 즈음, 상앗빛이던 맴맴이의 몸이 노랗게 변했습니다.

 그리고 10월에 들어서자 알 끝부분에 두 개의 점이 생겼습니다. 알 안에 들어 있는 맴맴이의 눈입니다. 그런데 맴맴이가 알을 뚫고 나오려면 햇빛이 필요합니다.

 답답하다고 아무 때나 알을 깨고 나왔다가는 큰 코다칩니다.

그래서 맴맴이는 꾹 참고 기다렸습니다.
"언젠가는 내가 기다리는 따스하고 행복한 날이 올 거야."
드디어 그날이 왔습니다.

아침부터 하얀 구름을 데리고 나온 해님은 느긋하게 하늘 한가운데에 멈춰 쉬었습니다.

온 세상에 따스하고 부드러운 햇살이 퍼졌습니다.

"바로 오늘이야!"

맴맴이는 용기를 내어 알껍질을 비집고 나왔습니다.

그러나 맴맴이가 알일 때와 그다지 달라 보이지는 않습니다.

그저 커다란 검은 점
같은 눈이 있을 뿐입니다.
그러나 더 자세히 보면
배 부분에 생선 지느러미
같은 게 보입니다.
"생선 지느러미라고? 천만에.
이 속엔 내 앞다리 두 개가 나란히
숨어 있지. 이걸로 알껍질을 깨
고 나왔는걸?"
맴맴이는 자기가 참 대견하다고
생각했습니다.
엄마가 낳은 400개나 되는 알 중에서
살아남은 건 겨우 몇 개뿐이니까 말입니다.

돌아가신 엄마도 자기를 기특하다고 칭찬하실 게 분명합니다.
 맴맴이는 드디어 전유충이 된 것입니다.
 맴맴이는 내친김에 나뭇가지 속 방에서

탈출하기로 마음먹었습니다.

워낙 비좁고 아직 깨어나지 않은 형제들로 빽빽해서 쉽지 않은 일이었지만 맴맴이는 있는 힘을 다했습니다.

"하나둘! 하나둘!"

맴맴이는 나란히 모은 앞다리를 지렛대처럼 사용하여 위로 위로 나아갔습니다.

누가 가르쳐 주지 않아도 그렇게 해야 하는 것을 압니다.

방에서 머리를 내밀기 시작하여 온몸이 다 빠져나오기까지 30분이나 걸렸습니다.

"아, 드디어 나왔어."

맴맴이는 뒤에 남은 형제들도 자기처럼 성공하기를 바라며 껍질을 벗었습니다.

이제 한 살 애벌레가 된 것입니다.

한 살 애벌레 맴맴이에게는 더듬이와 긴 다리, 흙을 파기 위한 곡괭이 같은 다리가 생겼습니다.

그러나 맴맴이는 전유충 껍질에 꼬리 끝을 남겨 둔 채 거꾸로 매달렸습니다.

"이제 나는 땅으로 떨어져야 해. 좀 겁이 나기도 하지만 그래도 꼭 해야 하는 일이지. 멋진 매미가 되기 위해서라면 이까짓 무서움쯤이야 이겨 낼 수 있어야 해."

맴맴이는 마음을 다지며 몸을 흔들흔들 흔들기도 하고 앞다리를 접었다 폈다 했습니다. 그렇게 일광욕과 준비 운동을 한 지 한 시간.

맴맴이는 자기 피부가 좀 단단해지는 것을 느낄 수 있었습니다.

"이제 떠날 시간이야!"

맴맴이는 소리치며 휙, 땅으로 떨어졌습니다.

매미가 땅속에 집을 지어요?

털썩 땅 위에 떨어진 맴맴이는 모든 게 무서웠습니다.

아주 약한 바람만 불어도 휙 날아가 버릴 것만 같습니다.

그러다 진흙탕에라도 빠지면 큰일입니다.

더 무서운 건 맴맴이처럼 부드러운 먹이를 노리는 적이 사방에 깔려 있다는 사실입니다.

누구보다 개미라는 놈을 조심해야 합니다.

"이렇게 어물쩍거리다 가는 큰일나겠어. 빨리 좋은 곳을 찾아야지."

맴맴이는 정신을 바짝 차리고 땅 위를 열심히 돌아다녔습니다.

"여긴 너무 딱딱해."

"이곳은 너무 말랐는걸."

생각만큼 좋은 땅을 고르기가 쉽지 않았습니다.
맴맴이는 자꾸 피곤해졌습니다.
벌써 10월 말이라 바람도 꽤 차갑습니다.

"어서 땅속으로 들어가야 하는데……."

마음만 바빠집니다.

그때 나무 뒤로 개미들이 어슬렁거리고 있었습니다.

맴맴이는 가슴이 철렁했습니다. 그래서 땅에 납작 엎드려 개미들이 지나가기를 기다렸습니다.

다행히 개미들은 맴맴이를 못 보고 지나쳤습니다.

만약……? 아아, 생각만 해도 끔찍한 일이 벌어질 뻔한 것이지요.

드디어 맴맴이가 좋은 땅을 골랐습니다.

무엇보다 부드러운 흙이 마음에 쏙 들었습니다.

맴맴이는 앞다리를 곡괭이처럼 써서 흙을 파헤치기 시작했습니다.

"영차, 영차!"

맴맴이는 5분도 채 지나지 않아 우물 같은 구멍을 파고 그 속으로 들어갔습니다.

이제부터 길고 긴 땅속 생활이 시작된 것입니다.

땅속에서 맴맴이는 몸에도 다리에도 긴 털이

났습니다.

  캄캄한 땅속에서 몸 언저리의 상태를 알아내는 데 도움이 되는 감각털입니다.

  눈도 필요하지 않아 보는 힘도 없어졌습니다. 그 대신 더듬이가 잘 발달했습니다.

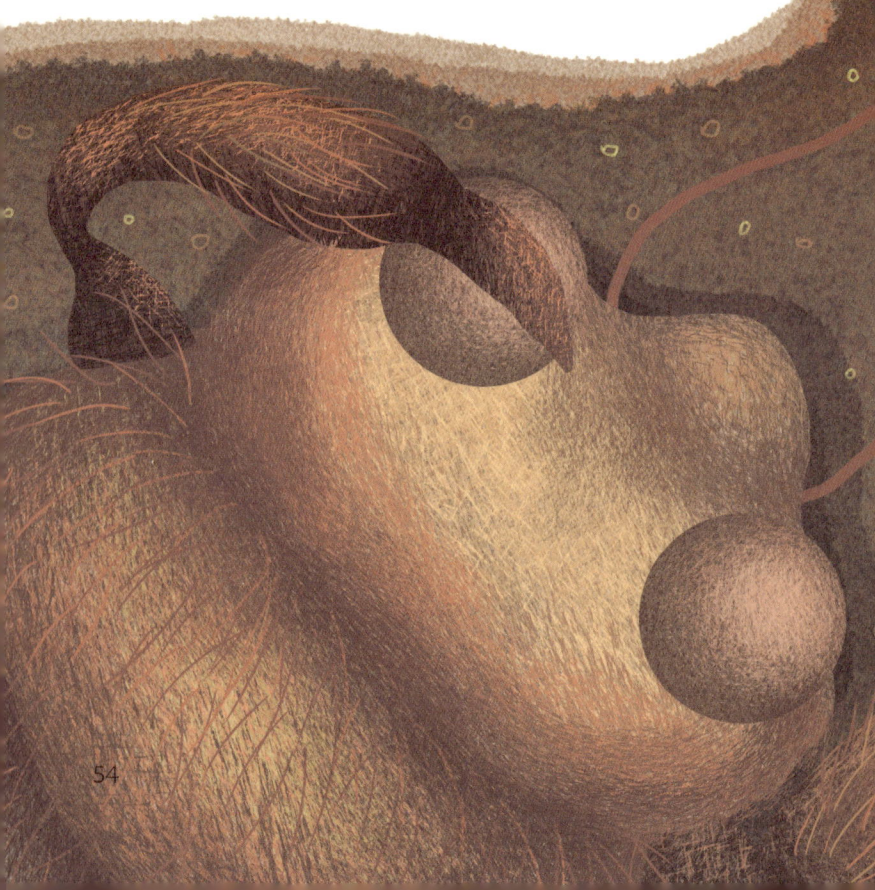

땅속 생활은 지루했습니다.

땅속에서 한 일이란 겨울이면 더 깊은 땅속으로 들어가고 따뜻해지면 조금 올라오는 것

뿐이었습니다.
 거기에다 먹고 있던 나무 즙이 다 마르면 또 다른 나무 뿌리를 찾아 정처 없이 땅속 여행을 다니는 것이 고작이었습니다.

그러나 단 하나 맴맴이가 좋아하는 일이 있었습니다.

그건 바로 집짓기입니다.

맴맴이는 혼자 집짓기 기술을 익혔습니다.

처음엔 정말 형편없는 솜씨였지요.

그러나 지금은 아주 뛰어난 기술자가 되었습니다.

아무도 알아주지 않지만 맴맴이는 정말 훌륭한 건축가였던 것입니다.

4년 동안이나 집을 짓다 보니 저절로 그렇게 된 것이지요.

거기다 아무도 눈치채지 못할 신기한 요령도 생겼답니다.

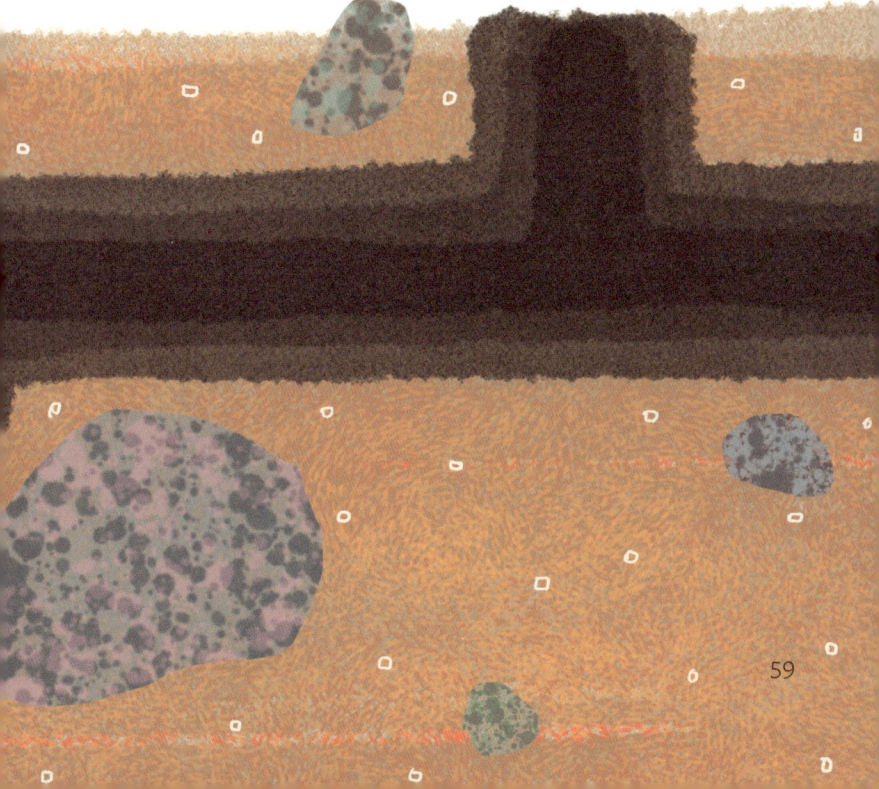

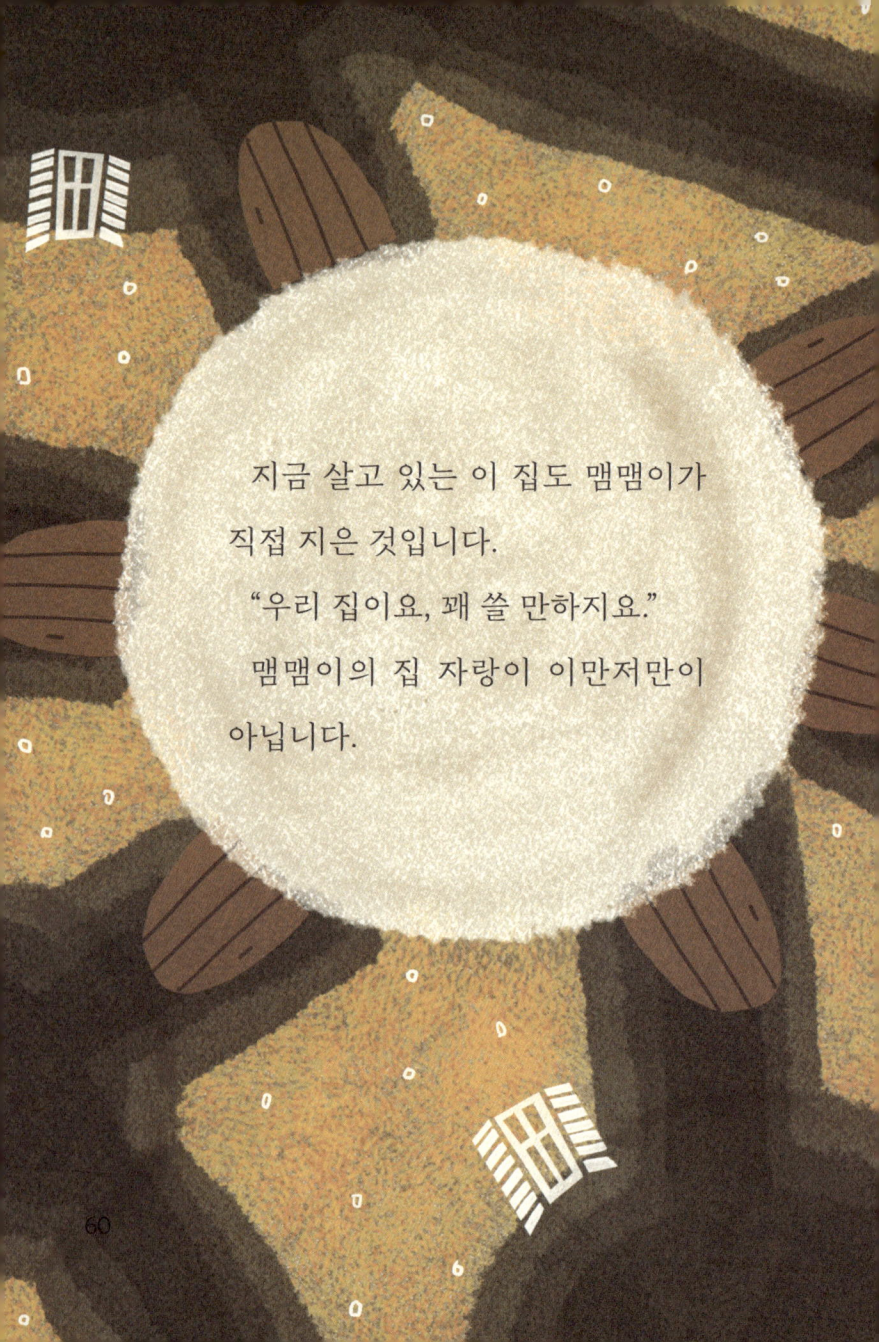

지금 살고 있는 이 집도 맴맴이가 직접 지은 것입니다.
"우리 집이요, 꽤 쓸 만하지요."
맴맴이의 집 자랑이 이만저만이 아닙니다.

우리 집 한번 찾아오세요
추울 땐 깊은 데서 따뜻하게
더울 땐 얕은 데서 시원하게
아주 신기한 집이랍니다.

맴맴이 노래대로입니다.

위로 똑바로 솟은 터널 모양의 맴맴이 집은 깊이가 40센티미터나 되고 지름은 2.5센티미터입니다.

터널 바닥은 꽤나 넓고 깨끗한 방으로 꾸며져 있습니다.

벽도 울퉁불퉁하지 않고 미끈합니다.

마치 시멘트를 바른 것 같습니다.

맴맴이가 슬쩍 웃었습니다.

"시멘트라고 하긴 뭐하지만 비밀이 하나 있긴 있어요."

맴맴이는 부끄러운 듯 천천히 그 비밀을 털어놓았습니다.

"마른 흙을 적셔 잘 반죽해 준 재료는 바로 내 오줌이에요."

맴맴이는 흙을 오줌에 버무려 마른 흙가루를 찰기가 있는 시멘트 같은 진흙으로 만든 것입니다.
그다음엔 배를 미장이의 흙손처럼 써서 흙을 죽죽 발라 벽을 굳혔습니다.

 이사를 다닐 때마다
실력이 늘어 지금 집은 어디 내놓
아도 빠지지 않을 만큼 아주 훌륭합니다.
 그렇게 집을 짓다 보니 4년이라는 시간이 지났습니다.
 그 4년 동안 맴맴이는 땅속에서 허물을 네 번이나 벗었습니다.

어느새 번데기 바로 전 단계의 애벌레가 된 맴맴이는 대롱처럼 생긴 입을 나무뿌리에 박고 나

무즙을 쪽 하고 빨아먹으며 중얼거렸습니다.

"이제 밖으로 나갈 때가 됐어. 난 다 자랐거든. 아주 어렸을 때에 잠깐 본 것이지만 그 밝고 따뜻한 햇볕과 바람을 난 잊을 수가 없었어. 4년 동안 난 그걸 그리워했지. 그러나 잘 참아 낸 거야. 이제 곧 다시 볼 수 있겠지."

맴맴이는 바깥으로 나갈 날을 기다리며 끈질기게 땅속 생활을 버텨 낸 것입니다.

오늘도 맴맴이는 집을 다듬으며 터널을 오르내렸습니다.

바깥 날씨를 살피기 위해서입니다.

맴맴이의 집에는 아주 얇은 지붕이 걸쳐져 있습니다.

자주 바깥 날씨를 살펴봐야 하니까 지붕이 있는 게 귀찮을 수도 있습니다.

하지만 귀찮다고 지붕을 없앨 수는 없습니다.

다른 곤충들이 언제 갑자기 공격해 들어올지 모르니까요.

"오늘은 틀렸군. 비가 오고 있어. 그러면 날개를 펼 수가 없지."

"아, 오늘도 아니야. 바람이 너무 많이 불어."
어떤 날은 날씨는 따뜻하고 좋은데 쿵쾅거리는 소리가 나 물러난 적도 있었습니다.
말썽꾸러기 꼬마이거나 동네 개의 발자국 소리인지도 모르지요.

드디어 어느 여름날 저녁, 맴맴이는 얇은 지붕을 헤치고 밖으로 나왔습니다.

"아, 4년 전과 똑같군!"

밖으로 나온 맴맴이의 몸은 온통 진흙투성이였습니다. 날카로운 앞다리에도 등에도 진흙이 달

라붙어 있었습니다.

 땅속에서는 옅은 색이던 몸도 시간이 지날수록 짙어지고, 하얗고 침침했던 눈은 검어졌습니다. 그러자 차차 땅 위의 이것저것이 눈에 보이기 시작했습니다.

 그동안 잊고 지낸 모든 것들이 맴맴이의 눈앞에 펼쳐져 있습니다.

맴맴이는 눈물이 나올 것만 같았습니다. 감옥 같은 땅속 생활이 이제는 정말 끝이 난 것입니다.
　맴맴이는 조심조심 밖으로 나와 땅 위를 기면서 꼭 붙들 수 있는 무엇인가를 찾았습니다. 땅속처럼 깜깜한 밤에 나왔지만 혹시라도 잠이 없는 새나

눈치 빠른 개미
같은 곤충을 만날까 봐
조마조마했습니다.
 4년을 기다린 외출인데
여기서 망칠 수는 없습니다.
 그러나 다행히 모두들 잠
든 모양입니다.
 이제부터 맴맴이는 또 한 번 껍질을
벗어야 합니다. 그래야 완전한
어른 매미가 되는 것입니다.

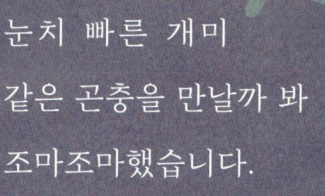

나무줄기를 발견한 맴맴이는 곧장 위로 기어 올라갔습니다.

그리고 가장 튼튼한 두 앞다리로 나무줄기를 꽉 움켜잡았습니다.

그 상태로 조금 쉬는 동안 맴맴이의 앞다리는 새우 껍질처럼 단단해졌습니다.

그리고 그만큼 나무줄기에 더 꽉 붙어 있을 수 있었습니다.

"자, 이제 시작이야!"

드디어 맴맴이의 등 한가운데에 작은 틈이 생기기 시작했습니다.

틈은 점점 커졌습니다.

틈 속에서 연녹색의 몸이 보이는가 싶더니 어느 순간 그 녹색 몸이 불룩 불거져 나왔습니다.

맴맴이의 등 한가운데 제일 부풀어 있는 곳으로 피가 흘러들며 쿵덕쿵덕 하고 맥이 뛰는 것 같았습니다.

머리가 빠져나오는 순간 맴맴이는 자기가 새로운 별에 도착한 우주인 같다고 생각했습니다.

"난 지금 우주복을 벗고 있는 거야."

맴맴이의 몸은 이제 반 이상 나왔습니다.

맴맴이는 윗몸을 뒤로 젖혀 하늘을 향했습니다.

이제 껍질 속에 있는 것은 꼬리 끝뿐입니다.
맴맴이는 마지막 힘을 다했습니다.
"나는 용기 있는 매미야. 나는 끈기 있는 매미야. 이까짓 것 문제없어!"
맴맴이는 머리를 숙이고 몸을 뒤로 젖히며 훌렁 뒤집었습니다.
배가 나왔습니다.

맴맴이는 쉬지 않고 이번에는 다시 몸을 일으켜 세웠습니다.

이때 발을 헛디디거나 하면 큰일입니다.

이렇게 해서 꼬리까지 몸 전체가 껍질에서 빠져나오는 데에 30분이 걸렸습니다.

새벽 하늘이 열리고 있었습니다.

그러나 맴맴이는 여전히 그 자세 그대로 기다렸습니다.

그 기다림은 땅속에서 4년을 지낸 것보다 더 지루하게 느껴졌습니다.

연한 갈색인 가슴 부분만 빼면 맴맴이는 온통 연녹색입니다.

맴맴이의 부드러운 몸이 팽팽해지고 진한 갈색을 띠기 위해서는 잠시 바람과 햇빛이 필요한 것입니다.

세 시간가량이 지나자 맴맴이는 갈색 몸을 가진 멋진 어른 매미가 되었습니다.

"자, 이제 한 가지만 남은 거야."

그 한 가지란 바로 하늘을 나는 것입니다.

여태 한 번도 해 보지 않은 일이라 맴맴이는 겁이 났습니다.

주춤주춤 한참을 망설이던 맴맴이는 훌쩍 몸을 던졌습니다.

"아!"

오랜 시간 땅속을 기어다니기만 했던 맴맴이가 힘차게 하늘로 날아오른 것입니다.

맴맴이는 날고 있는 자신이 믿기지 않았습니다.
"아, 내가……, 내가 진짜 날고 있구나!"

아직 어둠이 다 걷히지 않은 새벽하늘은 너무나 상쾌했습니다.

그 기쁜 마음에 맴맴이는 노래를 불렀습니다.

그러나 이상하게 소리가 잘 나오지 않았습니다.

희미하게 '구구' 거리기만 했습니다.

"내가 비둘긴가, '구구'거리게. 이것도 연습을 좀 해야 하나 봐."

그래도 기뻤습니다.

뭔가 배울 게 남아 있다는 것이 그리 나쁜 일은 아니니까요.

언제나 느긋한 맴맴이가 그런 일로 조급할 리는 없지요.

 더구나 온 천지가 맴맴이에게는 행복한 볼거리 투성이입니다.

맴맴이는 나무도 보고 해님도 보고 지나다니는 곤충들도 보았습니다.

모든 게 그렇게 신기하고 신날 수가 없습니다.

"아니, 저건 개미잖아? 내가 그렇게 무서워하던

개미가 아유, 저렇게 작았나. 거참……"

맴맴이는 자기가 이미 3.5센티미터나 되는 어른 곤충이 되었다는 것을 잊은 것입니다. 이젠 누구에게도 빠지지 않는 덩치 큰 곤충이 된 것입니다.

개미는 정말 성가시구나?

맴맴이는 하루하루가 즐거웠습니다.
어두운 땅속이 아니라는 것만도 행복한데 마음껏 소리 높여 노래도 부를 수 있으니 더 이상 바랄 게 없을 정도로 기분 좋은 나날이었습니다.
이제 목청도 커져 맴맴맴맴…….
그동안 쌓인 모든 것을 맴맴이는 노래로 풀었습니다. 더 크게 더 힘차게 더 오래도록.

그렇게 노래하고 나면 가슴속이 뻥 뚫리듯 시원해졌습니다.

"건축가 일도 좋았지만 가수는 정말 즐거운 직업이야. 가수가 되길 잘한 것 같아."

그런데 맴맴이가 세상에 나온 이후 한 번도 비가 내리지 않았습니다.

세상 모든 것이 윤기를 잃고 푸석푸석했습니다.

그러나 맴맴이는 걱정할 것이 없습니다.

맴맴이의 입은 가느다란 대롱 모양입니다. 이 대롱 속에는 더 가느다란 대롱이 들어 있는데 그것을 나무줄기에 능숙하게 찔러 넣어서 나무즙을

빨아 먹는 것입니다.

그러나 다른 곤충들은 목이 말라 죽을 지경이었습니다. 한여름 찌는 듯한 더위에 오래도록 비까지 오지 않아 모두들 힘든 생활을 버티고 있는 것입니다. 목마른 곤충들은 나무즙 냄새에 이끌려 맴맴이 주위로 몰려들었습니다. 파리가 먼저 간사하게 팔을 비비며 앵앵 말했습니다.

"맴맴 아저씨, 노래 잘하는 맴맴 아저씨. 나 주스 한 모금만 주세요, 네? 목이 타서 죽을 것만 같아요. 제발 부탁이에요."

맴맴이는 슬쩍 몸을 들어 주었습니다. 그러자 파리는 허겁지겁 맴맴이가 흘린 나무즙을 핥아 먹었습니다. 그 모습을 본 말벌이 좀 뜸을 들이더니 잉잉거렸습니다.

"맴맴 아저씨, 저도 조금만 목을 축일 수 있을까요? 올여름은 유난히 더워서 말이지요."

이번에도 맴맴이는 고개를 끄덕였습니다.
"그러시지요. 비가 너무 안 와서 고생스럽지요?"
너그럽고 친절한 맴맴이의 소문은 이웃 동네에까지 났습니다.
집게벌레, 대모자루맵시벌, 꽃무지, 땅벌, 개미…….

소문을 들은 모든 곤충이 맴맴이를 찾아왔습니다.

그러고는 타는 듯한 목을 축이곤 고맙다고, 감사하다고 몇 번이나 인사를 하며 돌아갔습니다.

그러나 개미만은 달랐습니다. 처음엔 맴맴이의 덩치 때문에 좀 머뭇거리는가 싶더니

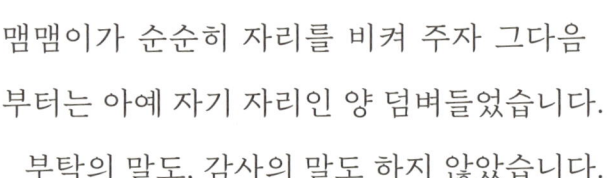

맴맴이가 순순히 자리를 비켜 주자 그다음부터는 아예 자기 자리인 양 덤벼들었습니다.
부탁의 말도, 감사의 말도 하지 않았습니다.

그러면서 몇 번이나 맴맴이를 찾아오곤 했습니다.

그래도 맴맴이는 모른 척했습니다. 워낙 작은 친구라 맞붙어 싸우기도 우스웠기 때문이었습니다. 그러나 개미의 무례가 자꾸 되풀이되자 맴맴이도 한마디쯤 해야겠다고 마음먹었습니다.

개미가 또 찾아왔습니다. 이번에는 더 지독했습니다. 아예 맴맴이의 등에 올라타 맴맴이의 날개를 물어뜯는 것이었습니다.
"비켜. 빨리 비키란 말이야."

이번만큼은 맴맴이도 도저히 참을 수가 없었습니다.

"얘, 개미야. 내가 네게 도움을 주었으면 고맙다는 말 한마디쯤은 해야 하는 거 아니겠니?"

그러나 개미는 미안해하기는커녕 핑 콧방귀를 뀌었습니다.

"흥, 난 원래 너 같은 매미에게는 고맙다는 말을 하지 않아도 괜찮게 되어 있다고."

맴맴이는 불쾌한 마음을 꾹 참고 물었습니다.

"그게 무슨 소리지?"

개미가 비웃었습니다.

"맴맴이 너 참 무식하구나. 너는 옛날이야기도 못 들었니?"

"옛날이야기라고? 그거랑 이거랑 무슨 상관이지?"

개미가 한심하다는 듯 말했습니다.

"땅속에 너무 오래 있어서 못 들었나 본데, 잘 들어 봐. 이건 너 빼곤 다 아는 이야기니까."

맴맴이는 기분 나쁜 마음을 다시 한번 눌러야 했습니다.

"우리 할머니의 할머니에게 너희 할아버지의 할아버지가 한겨울에 찾아온 적이 있지.

여름내 놀다가 배가 고파져서 말이야.

'제발 밀알 한 알갱이라도 주십시오.'

이렇게 굽신거렸대.

그래서 우리 할머니의 할머니가 말씀하셨지.

'아니, 가수 양반. 남들 일할 땐 뭐하고 남의 집에 와서 식량을 구하는 거요?'

그렇게 너희 할아버지의 할아버지를 가르치셨대.

그러니까 난 이까짓 주스쯤 얼마든지 마셔도 상관이 없다는 말이야."

맴맴이는 어리둥절해서 개미에게 자리를 비켜 주고 말았습니다.

개미는 제법 거들먹거리며 그 자리를 차지하고 맘껏 나무즙을 마셨습니다.

그리고 돌아갈 때에는 큰소리까지 쳤습니다.

"그런데 참, 너도 가수가 되었다면서? 그런 쓸데없는 짓 하다간 너도 너희 할아버지의 할아버지 꼴 난다. 조심해. 내일 또 보자, 맴맴아."

개미가 돌아간 후 맴맴이는 곰곰이 생각에 잠겼습니다.

개미에게 들은 이야기가 어딘가 이상했기 때문이었습니다.

잠시 후 맴맴이는 혼자 하하 웃었습니다.

"우리 매미가 밀알을 달라고 했단 말이지. 이 입을 가지고 말이야!"

맴맴이는 어처구니없는 이야기로 자기를 속인 개미가 괘씸했습니다.

그런데도 개미는 그다음 날 또 맴맴이를 찾아왔습니다.

그러고는 자기 것을 맡겼다 찾는 듯 뻔뻔하고 당당하게 말했습니다.

"자, 어서 비켜. 난 지금 무척 목이 마르단 말이야."

맴맴이는 어이가 없었습니다.

"어제 네가 해 준 이야기 말인데, 그게 사실이니? 진짜 우리 할아버지의 할아버지가 밀알 하나를 달라고 했단 말이야?"

개미가 귀찮다는 듯 소리쳤습니다.

"그렇다니까. 그건 누구나 다 아는 이야기라고. 자, 어서 비키기나 해."

그러나 맴맴이는 떡 버티고 앉아 꿈쩍도 하지 않았

습니다.

이번에는 자기의 소중한 우물을 개미에게 양보하고 싶은 마음이 조금도 없었던 것입니다.

"그래. 그럼 그렇다고 치자. 그래서 너희 할머니의 할머니가 밀알 한 톨이라도 주시긴 했대?"

개미가 짜증을 부렸습니다.

"그것까지 내가 어떻게 아니?"

맴맴이가 고개를 저었습니다.

"절대 안 주셨을걸. 너희 개미들이 남에게 도움을 주는 것을 난 본 적이 없어. 더구나 내 입 좀 볼래? 나처럼 이렇게 대롱 같은 입을 가진 우리 할아버지의 할아버지가 밀알 한 알갱이를 달라고 했다는 것부터 말이 안 되지. 줘도 못 먹는다고. 알겠니? 이 허풍쟁이야."

맴맴이는 개미를 밀어냈습니다.

아무리 마음 착한 맴맴이도 도저히 이 얄미운 개미만은 참아 줄 수가 없었습니다. 그러나 개미는 뉘우치기는커녕 오히려 화를 내며 돌아갔습니다.

"어디 두고 봐. 멍청한 매미 같으니라고. 내가 가만있을 줄 알아?"

개미가 그러거나 말거나 맴맴이는 또 느긋하게 노래를 부르며 나무즙을 빨아 먹었습니다.

"개미가 돌아가니 이렇게 편하구나. 걔는 성격이 왜 그런지 모르겠어."

그러나 그렇게 생각했을 뿐, 맴맴이는 곧 개미 일을 잊었습니다.

그날 밤이었습니다.

꼬박꼬박 잠이 들었던 맴맴이는 '지-지-.' 비명을 질렀습니다.

몰래 살금살금 다가온 개미가 맴맴이를 꽉 깨물었던 것입니다.

자기를 놀래킨 게 낮의 그 개미라는 것을 안 맴맴이도 이번만은 화가 단단히 났습니다.

맴맴이는 짓-, 소리와 함께 개미에게 오줌을 찍 갈겨 주었습니다.

그러나 개미는 아무렇지도 않은 것 같았습니다.

그저 맴맴이를 물어 주었다는 것에 만족하며 돌아갔습니다.

갑자기 봉변을 당한 맴맴이는 '휴' 하고 한숨을 쉬었습니다.

"거참, 성가신 개미로군."

그렇게 말썽을 부리고도 다음 날 개미가 또 나

타났습니다.

"이봐, 나 왔어. 우물을 좀 내놓으라고."

맴맴이는 못 들은 척 대꾸도 하지 않았습니다.

그러자 개미는 맴맴이 주위를 돌다가 맴맴이의 날개를 물어뜯기도 하고 등 위로 올라가서 동동

거리기도 하며 소란을 피웠습니다.

그래도 맴맴이는 끄떡도 하지 않았습니다.

"자꾸 이럴래? 너 후회한다."

개미는 발발발발 방정을 떨더니 맴맴이의 머리 위쪽으로 올라갔습니다.

그러고는 맴맴이의 대롱 같은 입을 물어뜯기 시작했습니다.

맴맴이는 귀찮기도 하고 따갑기도 해서 하늘로 휭, 몸을 피했습니다.

"너 때문에 정말 못 살겠다. 너 같은 애는 처음 보았어."

개미는 신이 나서 우물로 달려갔습니다.

"히히. 이제 이 우물은 내 거다."

그러나 그 말을 마치기도 전에 우물은 바짝 마르고 말았습니다.

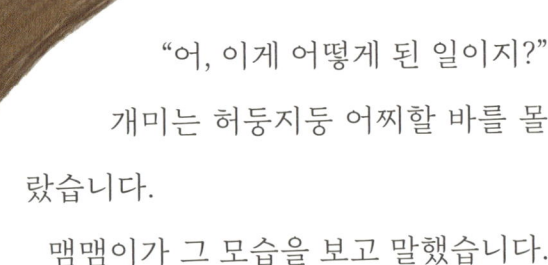

"어, 이게 어떻게 된 일이지?"
개미는 허둥지둥 어찌할 바를 몰랐습니다.
맴맴이가 그 모습을 보고 말했습니다.
"내 입이 펌프 노릇을 한 걸 몰랐단 말이니. 늘 똑똑한 척 굴더니 왜 그건 몰랐을까? 내 입이 없으면 거긴 그저 평범한 나무줄기일 뿐이야."

맴맴이의 말에 자기 차례가 오길 기다리던 곤충들이 개미를 나무라기 시작했습니다.
"꼴 좋다. 그렇게 수선을 떨더니 너 때문에 우리도 이제 주스 얻어 마시기는 다 틀렸잖아. 물어내, 물어내."
"이제 어쩌면 좋아? 벌써부터 목이 말라 오는데……." 
엉엉 우는 곤충들도 있었습니다.
맴맴이는 이 기회에 참았던

말까지 다 쏟아 냈습니다.

"그리고 우리들 할머니와 할아버지 얘기 말인데, 그것도 다 너희 염치없는 개미들이 꾸며 낸 이야기라는 거 다 알아. 알 만한 사람들은 아마 다 알걸?"

모여 있던 곤충들도 맞장구를 쳤습니다.

"그럼 그럼. 점잖은 매미들이 저런 예의도 모르는 개미에게 구걸을 갔다니 말도 안 되지."

"개미들이 늘 신세를 지니까 스스로 쑥스러워서 지어 낸 이야기가 틀림없어. 보나 마나 뻔한 일이야."

모두 개미 흉보기에 열을 내자 개미는 투덜대며 나무를 떠났습니다.

맴맴이도 지긋지긋한 그곳에 다시 돌아갈 마음은 없었습니다.

매미는 어떻게 노래를 할까요?

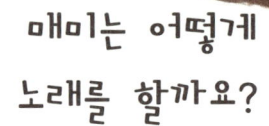

이사를 간 맴맴이는 다른 매미들도 만날 수 있었습니다.
뽕나무를 좋아하는 참매미, 덩치도 크고 목청도 큰 말매미, 털이 많은 털매미, 징징 소리를 내며 우는

유지매미, 쓰름매미, 깽깽매미, 좀깽깽매미, 애매미……. 친구가 참 많습니다.

맴맴이는 괜히 신이 나 노래를 불렀습니다.

크고 힘차게 불렀지요.

맴맴이에게는 가슴 아래쪽, 그러니까 뒷다리가 붙어 있는 곳에 비늘처럼 생긴 단단한

판이 두 장 있습니다.

그걸 배판이라고 하는데 그 배판 밑에 소리를 내는 기관이 있답니다.

이것을 젖혀 보면 또 그 밑에 구멍이 뚫려 있습니다. 이 큰 구멍이 바로 공명실입니다.

하지만 이 공명실이 노래를 부를 수 있게 하는 건 아닙니다.

비밀은 바로 맴맴이 등의 뒷날갯죽지 바로 밑, 양쪽으로 작게 튀어나온 등판 안쪽에 있는 발음막에 있습니다.

이 발음막에 조갯살을 닮은 발음근이 연결되어 있거든요.

발음근이 오므라들면 발음막이 당겨져서 소리가 나는 것이랍니다.

발음근은 1초 동안에 약 100번이나 늘어났다

줄어들었다 하고 그에 따라 발음근이 소리를 내는 것입니다.

그러나 그 소리는 아주 작습니다. 발음근에서 나는 작은 소리가 공명실 안에 울림으로써 비로소 큰 소리가 되어 밖으로 나오는 것이지요.

그래서 죽은 매미라도 발음근을 하나 잡아서 당

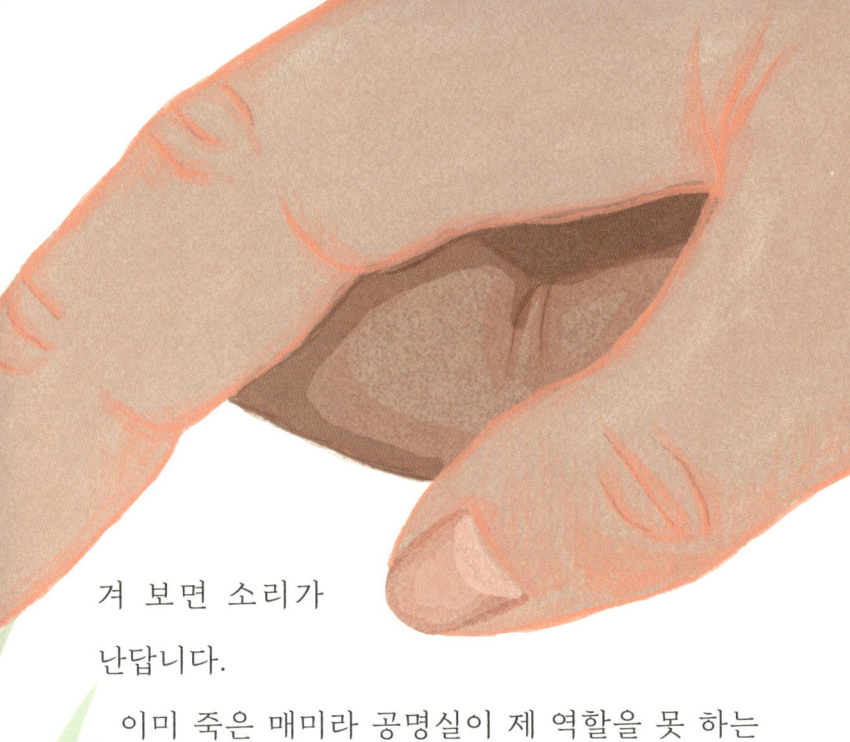

겨 보면 소리가
난답니다.

 이미 죽은 매미라 공명실이 제 역할을 못 하는 바람에 큰 소리는 나지 않지만요.

 거꾸로 지금 노래를 부르고 있는 매미를 잡아 발음막에 조그마한 상처라도 내면 금방 소리를 낼 수 없게 된답니다.

 정말 신기하지요?

맴맴이는 해를 따라가며 노래를 불렀습니다.
 햇빛과 나무즙은 맴맴이가 제일 좋아하는 것들입니다.
 맴맴이는 나무즙을 빨면서도 노래를 멈추지 않았습니다.

그때 어디서 나타났는지 암매미 한 마리가 맴맴이에게 다가왔습니다.
"너 노래를 참 잘하는구나. 목청이 정말 좋다."
맴맴이는 다섯 개나 되는 눈으로 흘긋 암매미를 보았습니다.

커다란 겹눈이 두 개나 되고 머리 한가운데에 작은 홑눈이 세 개나 되는데도 암매미가 다가오는 것을 왜 여태 못 보았는지 모를 일입니다.

"내 노래를 들었니?"

맴맴이가 물었습니다.

"응, 너 참 노래를 잘하는구나."

"고마워. 사실 우리 매미들은 사람들이 듣는 보통의 소리는 못 듣잖아. 아무리 큰 대포 소리라도 안 들리니까 말이야."

"하지만 우리 매미들 노랫소리는 들을 수 있으니까 상관없어."

맴맴이도 고개를 끄덕였습니다.

"그렇지. 사람도 박쥐 소리 같은 건 못 듣는다지. 그러니까 우리에게는 우리만의 소리 세계가 따로 있는 거야."

맴맴이가 말을 마치고 또 노래를 하자 암매미가 부러운 듯 말했습니다.

"너희들 수매미는 참 좋겠다. 그렇게 시원하게 노래할 수 있으니까."

맴맴이는 깜짝 놀랐습니다.

"그럼 너희 암매미들은 노래를 못 한단 말이야?"

"응. 우리도 너희처럼 땅속에서 몇 년간이나 기다렸는데도 노래 한 소절 부를 수 없으니 불공평

하지 뭐야."

맴맴이도 그럴 거라고 생각했습니다.

맴맴이는 암매미를 위로하고 싶었습니다.

"그 대신 너희는 예쁜 아가들을 많이 낳을 수 있잖니?"

"그건 그래."

암매미가 부끄러운 듯 말했습니다.

그 모습을 보고 맴맴이가 말했습니다.

"너, 내가 좋니?"

그렇게 물어보는 맴맴이의 목소리가 어딘가 이상해졌습니다.

아까와는 좀 달라진 것 같습니다.

암매미는 가만 멈춰서 맴맴이를 바라보았습니다.

좋다는 뜻일 겁니다.

맴맴이는 몸을 떨면서 지그재그로 암매미에게 다가갔습니다.

그렇게 해서 맴맴이와 암매미는 부부가 되었습니다.

어느덧 긴 여름도 지나갈 때가 되었습니다.

맴맴이는 자꾸 힘이 없어지는 것을 느끼고 있었습니다.

목소리도 예전 같지 않았습니다.

나무를 붙들 힘도 없어졌습니다.

맴맴이는 마지막 노래를 불렀습니다.

내 노래를 들어 보았나요?
4년을 기다린 노래랍니다

난 누구와도 싸우지 않고
세상 시끄러운 소리도 상관하지 않지요

그러기에는
내게 남은 시간이 너무 짧거든요.

마지막 노래를 마친 맴맴이는 땅으로 툭, 힘없이 떨어졌습니다.
 "아, 나도 이젠 끝인가 보군."
 맴맴이는 땅바닥에 엎드려 오래전 일을 떠올렸습니다.

전유충의 몸으로 땅에 떨어졌을 때가 생각난 것입니다. 잠깐 그렇게 비-비- 날개를 떨던 맴맴이는 마침내 죽고 말았습니다. 마지막 남은 여름 햇볕이 맴맴이의 몸을 바싹 마르게 했습니다.

그때 땅 위를 돌아다니며 언제나 먹을 것을 찾아 헤매는 개미가 맴맴이를 발견했습니다.

"아니, 이건 그때 그 멍청이 가수 맴맴이 아냐? 흥, 내게 그렇게 잔소리를 퍼부어 대더니 꼴좋게 됐군!"

개미는 조금도 슬퍼하지 않고 부리나케 집으로 달려갔습니다.

"이봐, 이봐. 저기 나무 밑에 커다란 식량이 떨어져 있어. 남들이 집어 가기 전에 어서 서두르자고!"

개미들은 서둘러 죽은 맴맴이를 둘러싸더니 조각조각 잘라 내기 시작했습니다.

"자, 어서 해. 이놈 한참을 먹겠는걸."

"그러게."

모두들 신이 나서 일을 하는데 개미 한 마리가 중얼거렸습니다.

"여름내 우리에게 주스를 주었는데 참 안됐다."

나이 많은 개미가 그 소리를 듣고 벌컥 화를 냈습니다.

"매미는 매미의 몫이 있고, 개미는 개미의 몫이 있는 거야. 우리가 이 매미를 이렇게 처치하지 않으면 여기가 얼마나 지저분해지겠니? 딴생각 말고 어서 일이나 거들어."

맴맴이를 가엾게 여기던 개미는 그만 머쓱해져서 뒤로 물러났습니다.

그렇게 맴맴이는 이 세상에서 사라졌습니다.

여름의 끝을 노래하던 다른 매미들은 모두 맴맴이의 죽음을 슬퍼했지요.

앞으로 닥쳐올 자신들의 죽음을 생각하면서 그 날은 더 슬프게 더 오래도록 울었답니다.

그러나 4년 후 맴맴이의 아들들은 또다시 여름을 노래하고 맴맴이의 딸들은 예쁜 아가들을 많이 많이 낳게 되겠지요.

이렇게 파브르 할아버지와 손녀 루시의 매미 관찰 여행이 끝났습니다. 땅속에서 오랜 시간을 견뎌 온 매미가 어른 곤충이 되어 날아오르는 장면은 파브르 할아버지와 루시에게 큰 감동을 주었습니다. 루시는 맴맴이의 죽음이 슬펐지만, 눈물을 꾹 참고 4년 후 맴맴이의 아들들이 부르게 될 노래를 기다리겠다고 생각했습니다. 루시는 파브르 할아버지와 손을 꼭 잡고, 다음 곤충들의 세상으로 떠날 준비를 합니다.

다음 이야기에서 파브르는
손녀 루시와 구멍벌 여행을 떠납니다.

매미는 얼마나 오래 땅속에서 참고 지낼까?

한여름을 알려주는 곤충이 있다면 그건 아마도 매미일 겁니다. 뜨거운 여름낮, 맴~맴~맴~ 요란하게 울어 대며 계절을 알려주니 말입니다. 매미가 우는 소리는 때로는 너무 시끄럽다고 생각되기도 합니다. 하지만 매미들의 울음소리는 짝짓기를 위한 방법입니다. 즉, 수컷들이 암컷을 부르는 소리인데, 우렁차게 울어야 암컷들이 수컷을 찾아와 짝짓기를 할 수 있다고 합니다. 매미는 울 수 있게 되기까지 너무도 긴 세월을 땅속에서 참으며 기다립니다. 짧게는 4년, 길게는 17년을 땅속에서 애벌레 상태로 보낸다고 합니다. 보통 넓은 숲에 많이 사는데, 곳에 따라서는 산에서만 사는 경우도 있습니다. 하지만 도시에서도 나무만 있으면 얼마든지 매미를 만날 수 있습니다.

장 앙리 파브르 Jean Henri Fabre
일생을 바치다

　장 앙리 파브르는 평생을 곤충과 함께 살며 실험과 연구를 한 곤충학자입니다. 1823년 12월 남프랑스 레옹에서 가난한 농부의 아들로 태어났으며, 집안이 매우 어려워 네 살 때부터 할아버지 댁에 맡겨져 자랐습니다. 1839년 아비뇽 사범학교에 입학, 졸업 후에는 카루판트라스 초등학교 교사를 지냈으며, 1849년 코르시카 중학교의 물리 교사가 되었습니다. 이때 식물 채집을 하러 온 툴루즈 대학의 식물학자 탕드레 교수를 알게 되었고, 그 영향으로 생물학을 공부하게 되었습니다.

그 후, 곤충학자인 레옹 뒤푸르의 논문을 읽고 곤충의 생태 연구에 일생을 바치기로 결심했습니다. 1871년 학교를 그만둔 파브르는 어린이를 위한 과학 이야기를 썼으며, 1879년 '곤충기'를 쓰기 시작하여 30년 만인 1909년에 10권을 완성했습니다.

 《파브르 곤충기》는 세계 자연과학계에서 그 전례를 찾아볼 수 없는 위대한 기록물로, 살아 있는 곤충에 대한 관찰과 실험, 연구를 통해 곤충의 세계를 관찰한 대기록입니다. 곤충이 어떻게 집을 짓고, 어떻게 새끼를 치고, 어떻게 살아가는지 등의 생태를 아주 상세하게 그리고 있습니다.

 이 작품은 1915년 파브르가 세상을 떠날 때까지 열정적으로 연구했던 신비로운 곤충의 세계를 통해, 컴퓨터 백과사전이 발달한 현대 사회에서도 여전히 우리에게 새로운 지식과

흥미의 세계를 열어 주고 있습니다.

파브르 곤충기가 귀중한 것은 단순히 그것이 전해주는 정보와 지식 때문만은 아닙니다. 세상을 바라보는 발상의 전환, 창의적인 시선, 독창적인 세계관을 갖게 해 주는 파브르 곤충기는 어린이와 어른 모두가 평생을 곁에 두어야 할 자연과학의 클래식입니다.

여러분은 파브르와 함께 우리 주변의 흔한 곤충을 다시 새롭게 바라보고, 생물 관찰을 통한 깊이 있는 사고를 통해 자연의 의미를 되새기는 인문학적 교양을 넓힐 것입니다. 또한 생명에 대한 철학적이고도 비판적인 질문하기를 통해, 우리가 자연 속의 생명체와 더불어 숨 쉬고 있는 존재임을 깨닫게 되길 바랍니다.